CW00840117

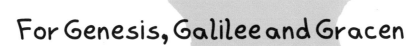

For Genesis, Galilee and Gracen

First edition 2022

Illustrations: Canva

Publishing

THIS BOOK
BELONGS TO

Publishing

Learn English & Twi

MY FIRST
book of:
ACTIVITY

By Jennifer Ampofoah Smith

ACTIVITY

Dwumadie
{ju-may-diay}

RUN

Dwane

(jwa-ni)

LET'S RUN FAST!

Yɛn dwane ntɛm!

(yen   jwa-ni   in-tem)

SLEEP

Da
(dah)

I SLEEP AT NIGHT.

Meda anadwo.
(mi-dah   ah-nah-ju)

WALK

Nante
(nan-ti)

WE WALK TO SCHOOL.

Yɛ nantekɔ sukuu.
(yeh   nan-ti   kor   su-kuu)

JUMP

Huri
(who-ri)

JUMP HIGH.

Huri kɔ soro.
(who-ri   kor   su-ru)

CRAWL

Wea
(wi-ah)

BABIES CRAWL.

Mmɔfra wea.
(mor-fra　　wi-ah)

SIT

Tena
(ti-nah)

EAT

Didi
(d-d)

WE SIT DOWN TO EAT.

YƐ tena ase didi.
(yeh ti-nah ah-si d-d)

PLAY

Di agorɔ
(di ah-graw)

I LIKE TO PLAY.

Mepɛ agorɔ di.
(mi-peh   ah-graw   di)

HUG

Bam
(bam)

GIVE ME A HUG.

Bam me.
(bam   mi)

DRINK

Nom
(num)

DRINK IT ALL.

Nom ne nyinaa.
(num   ni   nyi-naa)

BRUSH

Twi
(chwi)

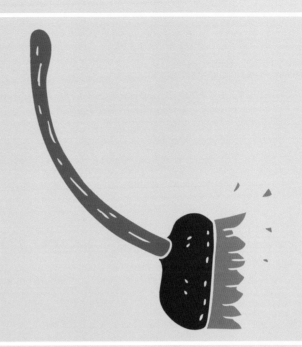

BRUSH YOUR TEETH.

Twi wo se.
(chwi   wu   si)

CLEAN

Popa
(pu-pah)

I'M CLEANING THE FLOOR.

Me popa 3fam.
(mi   pu-pah   eh-form)

COOK

Noa
(nwi-ah)

DO YOU LIKE COOKING?

Wop3 aduane noa?
(wu-peh   ay-dwia-ni   nwi-ah)

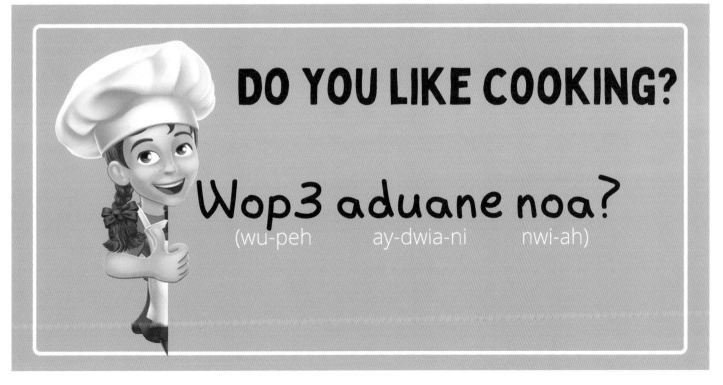

READ

Kan
(kahn)

WE LIKE READING.

YƐpƐ akenkan.
(yeh-peh   ah-kin-kahn)

LAUGH

Sere
(si-ri)

AKUA IS LAUGHING.

Akua resere.
(eh-kwee-yah   ri-si-ri)

WAKE UP

Nyane
(nya-ni)

WAKE HIM UP!

Nyane no!
(nya-ni   nu)

BATH

Dware
(jwa-ri)

GO AND BATH!

Kɔ na kɔ dware.
(kor na kor jwa-ri)

DANCE

Sa
(sah)

THE KING IS DANCING.

Ɔhene no resa.
(or-hi-ni   nu   ri-sah)

TALK

Kasa
(ka-sa)

LET'S TALK!

YƐnkasa!
(yen   ka-sa)

GREET

Kyea
(chi-a)

GREET EVERYONE!

Kyea obiaa!
(chi-a   oh-biaa)

Printed in Great Britain
by Amazon

39175030R00016